Secret At The Beaver Pond

El Secreto de la Lagunita de un Viejo Castor

Written by Susan Bruno & Illustrated by Brad McMullen

Grandfather Francisco loved Panchito his grandson very much. As he watched Panchito play, he noticed that Panchito did not want to share. Grandfather Francisco knew the time had come to give Panchito the gift that his grandfather had given to him.

El Abuelo Francisco adora a su nieto Panchito muchísimo. El miraba jugar a Panchito y notó que Panchito no quisó compartir. El Abuelo Francisco sabía que era tiempo de darle a Panchito el regalo que su Abuelo había regalado a él.

and so.........he sent him the invitation.

entonces.....le mando una invitación.

Dear Panchito,
Querido Panchito,

Meet me at the Old Beaver Pond tomorrow morning.
Nos vemos en la vieja lagunita del castor mañana en la mañana.

Love,
Your Grandfather Francisco

Con amor,
Tu Abuelo Francisco

The next morning, Panchito walked through the woods until he saw the smoke of his Grandfather's fire.

La mañana siguiente, Panchito camino hacia el bosque hasta que vio el humo del fuego de su Abuelo.

He sat down by the fire and without saying a word his Grandfather handed him a small cloth bag.

Se sentó cerca del fuego y sin decir una palabra su Abuelo le entregó una pequeña bolsa de tela.

Out of the bag came six grey stones. Panchito looked at the stones and thought they were nothing special at all. Panchito actually felt disappointed.

De la bolsa salieron seis piedras grises. Panchito miró las piedras y pensó que no tenían nada en especial. De hecho Panchito se sintió desilusionado.

Panchito stood up and as he started to walk away a little chipmunk came up to him and asked, "Panchito, could you gift me one of your stones?" Panchito immediately said, "No!" "NO, I don't want to give you one of my stones!" He looked down in his hands and realized that he had six stones. So, he changed his mind and gave one of the silly stones to the chipmunk. The chipmunk smiled and threw the stone high up into the air!

Panchito se paró y cuando empezo a alejarse una ardillita se acerco a él y le preguntó, "Panchito, ¿podrias regalarme una de tus piedras?" Panchito dijo inmediatamente "NO". "¡NO, yo no quiero regalarte ninguna de mis piedras!". Miró su mano y se dio cuenta que tenia seis piedras, entonces cambio de opinión y le dio una de las graciosas piedras a la ardilla. La ardilla sonrió y lanzó la piedra hacia el cielo.

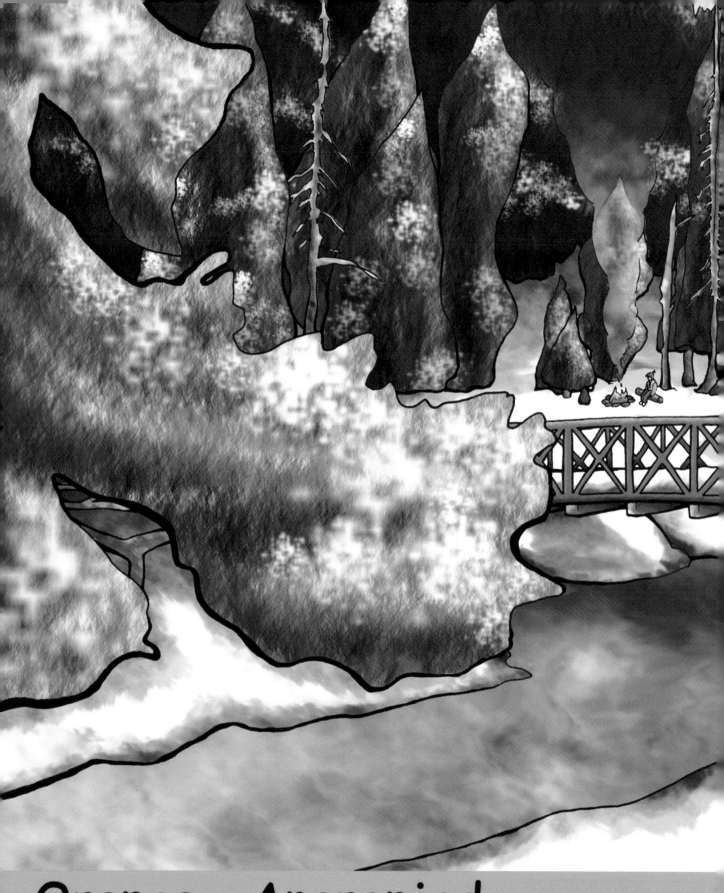

Orange - Anaranjado

Panchito walked a little farther down by the river when a little fish asked, "Panchito, will you gift me one of your stones?" Panchito thought about it and said, "NO!" "NO, I don't want to give you one of my stones!" He looked down in his hands and realized that he had five stones. So, he changed his mind and gave one of the silly stones to the fish. The fish smiled and flipped the stone with his tail high up in the air.

Panchito caminó por la orilla del rio cuando un pezcadito le pregunto, "¿ Panchito podrias regalarme una de tus piedras?" Panchito, lo penso y dijo, "¡NO!" "No, no quiero regalarte ninguna de mis piedras". Miró su mano y se dio cuenta que tenia cinco, entónces cambio de opinión y le dio una de las graciosas piedras al pez. El pez sonrió y golpeó la piedra hacia el cielo con su cola.

Yellow - Amarillo

Panchito walked down the trail and heard the voice of a little bluebird, "Panchito, will you gift me one of your stones?" Panchito thought about it and said "NO!" Only this time his NO was not so loud. He looked down in his hands at the four stones and changed his mind and gave one to the little bluebird. The bluebird smiled and sent the stone high in the air with his beak.

Panchito caminó un poquito más en el camino y escuchó la voz de un pájarito azul, "Panchito ¿ podrias regalarme una de tus piedras?" Panchito lo pensó y dijo " ¡NO!" Solo que esta vez su NO, no fue muy fuerte. Miró a su mano y miró cuatro piedras y cambio de opinión y le dio una piedra al pajaro azul. El pajaro azul sonrío y tiró la piedra hacia el cielo con su pico.

Blue - Azul

Panchito sat down by a rock, tired from his walk, and a little lizard stopped in his tracks! The lizard asked, "Panchito, will you gift me one of your stones?" Panchito said , "NO" but he wasn't sure if he really meant it, he was so used to saying No! He looked down into his hands at the three stones and changed his mind and gave the lizard a stone.The lizard smiled and being very clever, flicked the stone high up into the air with his long tongue!

Panchito se sentó cerca de una roca, cansado de su caminata y una lagartija se paró sobre él. "Panchito ¿podrias regalarme una de tus piedras?" pregunto la lagartija. Panchito dijo, "No" pero no estaba seguro si él la queria porque estaba acostumbrado a decir no. Miró a su mano y miró tres piedras y cambio de opinión y le dio una piedra a la lagartija. La lagartija sonrió y siendó muy astuta lanzó la piedra hacia el cielo con su larga lengua.

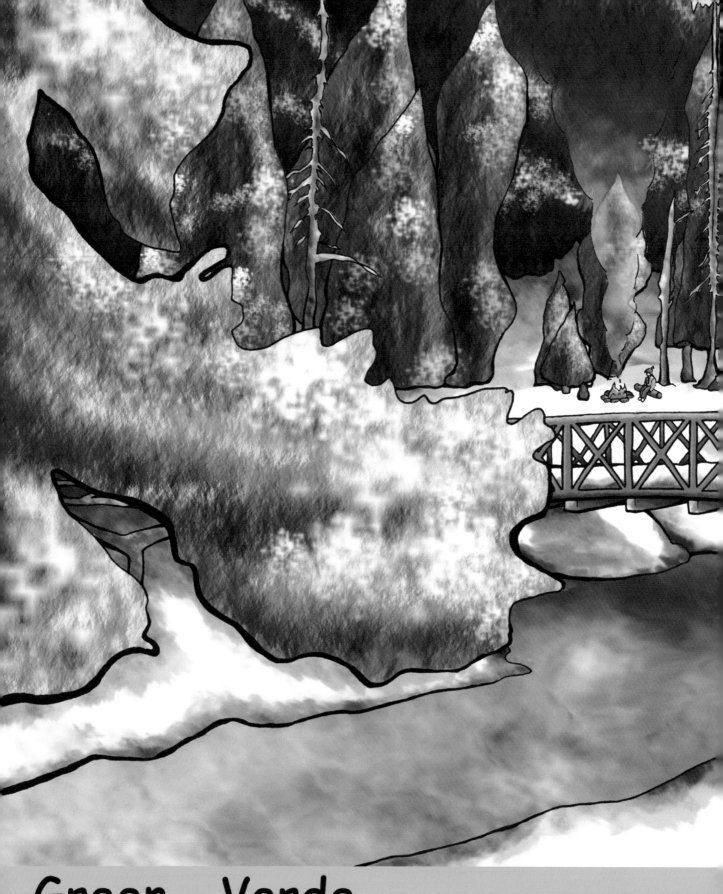

Green - Verde

Panchito woke up from his nap and saw a little butterfly land close to his shoulder. The butterfly whispered,"Panchito would you gift me one of your stones?" Panchito said NO but when he saw how beautiful the butterfly was he changed his mind. He looked at the two stones in his hand and gave one to the butterfly. The butterfly smiled and threw the stone high into the sky.

Panchito despertó de su siesta y vió una mariposa volando cerca de su hombro. La mariposa murmuro, "Panchito ¿ me podrias regalarme una de tus piedras?" Panchito dijo que "no" pero cuando miró que la mariposa era muy hermosa cambio de opinión. Miró las dos piedras en su mano y le dio una a la mariposa. La mariposa sonrió y lanzó la piedra hacia el cielo.

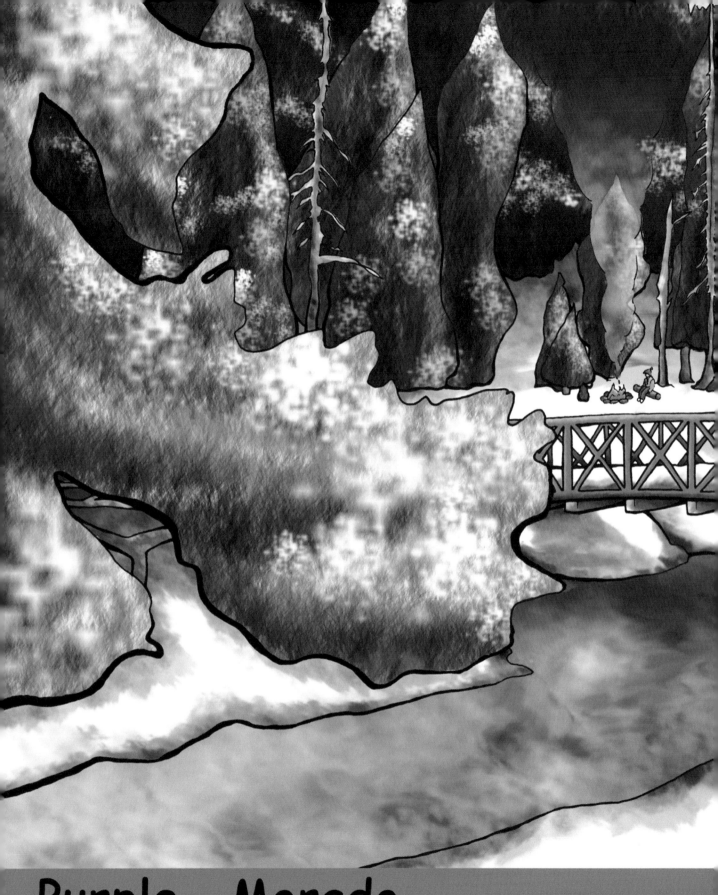

Purple - Morado

Panchito got up and started to walk towards Grandfather's fire. He looked down and saw a ladybug. With a little twinkle in the ladybug's eyes, she asked "Panchito, will you gift me one of your stones?" Panchito looked at Grandfather and said a very soft no. He looked at the one stone in his hand and gave it to the ladybug. Of course, the ladybug smiled and threw it up into the air!

Panchito se levantó y empezó a caminar hacia el fuego de su Abuelo. Miró hacia abajo y vió una mariquita. Con un brillo en los ojos de la mariquita ella le pregunto, "Panchito ¿ podrias regalarme una de tus piedras? Panchito miró a su Abuelo y dijo muy suavemente no. Miró su ultima piedra y se regalo a la mariquita. Por su puesto, la mariquita sonrió y la lanzó hacia el cielo.

Red - Rojo

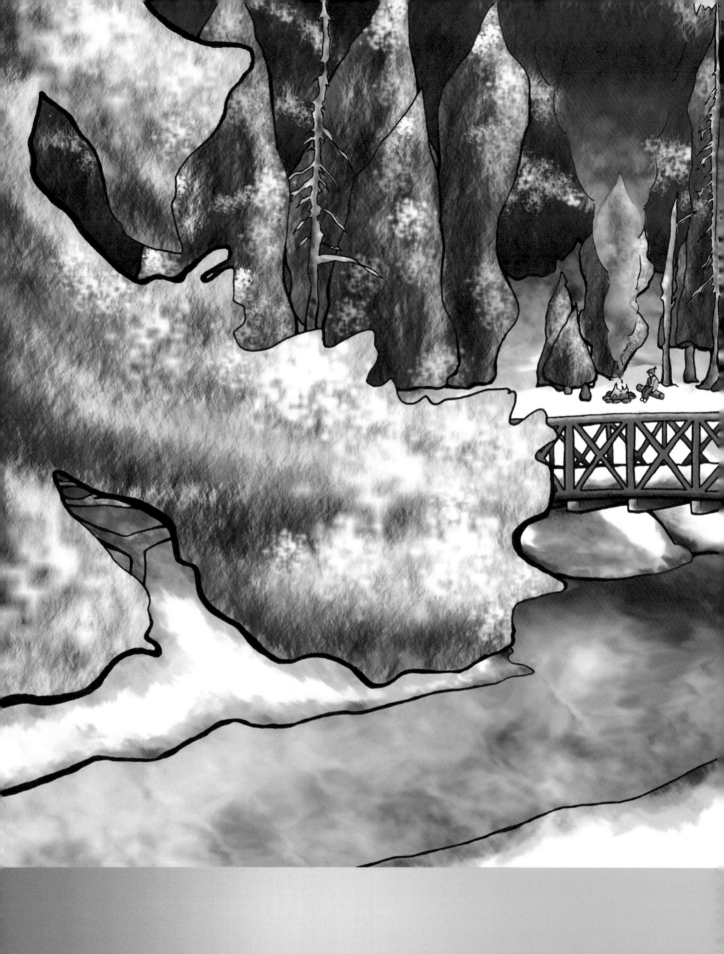

Panchito went to sit by his Grandfather's side. He opened his hand and saw that all the stones were gone. "Grandfather Francisco," Panchito said in a sweet voice, "My stones are all gone and I thought I would feel sad." "How do you feel?" asked Grandfather. " I feel like there is something warm in my heart."

Panchito se sentó al lado de su Abuelo. Abrió su mano y miro que todas las piedras se habían ido. "Abuelo Francisco," Panchito dijo con una voz muy dulce, "Mis piedras se fueron y pensé que me sentiría triste." "¿Come te sientes?" Le preguntó su Abuelo. "Siento algo tibio en el corazón."

"I am proud of you Panchito, you have learned the secret of the gift." said Grandfather Francisco who loved his grandson Panchito very much!

"Estoy orgulloso de ti Panchito, has aprendido el secreto de regalar." dijo el Abuelo Francisco que adora mucho a su nieto, Panchito!

Susan Bruno was born in Mexico City and moved to the United States at the age of eight. She received her BS Degree in Early Childhood Education. She has worked with preschool children and their families in the Truckee area for twelve years. She will be making her fifth trip to Honduras to share this book with the children who are cared for by Mother Teresa's Missionaries of Charity.

Susan Bruno nacío en la Ciudad de Mexico y se movío a los Estados Unidos a la edad de ocho años. Ella recibio su titulo de maestra en ECE. Ella ha trabajado con niños de kinder y sus familias en el area de Truckee por doce años. Ella estará haciendo su quinto viaje a Honduras, para compartir sus libros infantiles con los niños cuidados por Las Misioneras de Caridad de la Madre Teresa.

Brad McMullen has created art for as long as he can remember. But after being introduced from a friend to the Japanese art style of "anime," he knew what he wanted to do with his art. An alumnus of UC Davis, husband, and new father, Brad wants to inspire other artists in their own styles.

Brad McMullen ha creado arte por tan largo como puede recordar. Pero después de estar introdujido al estilo de arte Japonés "anime" por un amigo, el supo que quería hacer con su arte. Un alumno de UC Davis, esposo, y padre nuevo, Brad quiere inspirar a otras artistas con sus estilos propios.

CPSIA information can be obtained at www.ICGtesting.com
Printed in the USA
BVIW12n1447240717
490125BV00001B/1